AF246551

OBSERVATIONS

SUR LA LOI QUI PROROGE LES ÉCHÉANCES

DES

EFFETS DE COMMERCE

ET SUR

LA QUESTION DES LOYERS

MOYENS PROPOSÉS POUR

LA PROMPTE REPRISE DU TRAVAIL

Par E. C.

PARIS

GUILLAUMIN ET Cie, ÉDITEURS

du *Journal des économistes*,
de la *Collection des principaux économistes*, du *Dictionnaire
universel du commerce et de la navigation*,
du *Dictionnaire de l'économie politique*, etc., etc.

14, RUE RICHELIEU, 14

1871

PARIS. — IMPR. DE DUBUISSON ET Cᵉ, 5, RUE COQ-HÉRON.

OBSERVATIONS

SUR LA LOI QUI PROROGE LES ÉCHÉANCES

DES EFFETS DE COMMERCE

ET SUR LA QUESTION DES LOYERS

MOYENS PROPOSÉS POUR FACILITER

LA PROMPTE REPRISE DU TRAVAIL

Tout le monde se préoccupe, à bon droit, des effets de commerce échus depuis le 13 août 1870 et qui, par suite des lois et décrets de prorogation des échéances, sont restés immobilisés dans le portefeuille de la Banque de France et dans ceux d'autres tiers porteurs.

On se préoccupe également, avec raison, des loyers échus et non payés aux propriétaires, et aussi du terme qui va échoir dans quelques jours et qu'on ne pourra payer.

On sent que le travail, source de toute richesse

pour les nations et pour les particuliers, ne pourra reprendre avant que le passé soit liquidé, et cependant on ne peut compter que sur le produit du travail pour commencer cette longue et pénible liquidation.

Beaucoup de combinaisons ont été indiquées dans les journaux et dans les brochures pour résoudre la difficulté; mais, dans tout ce que nous avons lu, nous n'avons pas trouvé de solution pratique qui, sans froisser aucun intérèt, facilitât la liquidation du passé, aidât à la reprise des affaires dans le présent, et préparât la prospérité pour l'avenir. C'est ce qui nous a décidé à faire connaître notre pensée sur ce grave sujet, tout en regrettant que les hommes compétents et de quelque autorité n'aient pu suffisamment étudier une question qu'ils auraient sans doute résolue mieux que nous.

Nous posons d'abord, comme principe, la liberté absolue des contrats et, comme conséquence, le respect absolu de tous les engagements pris.

Ceux qui ont souscrit des billets en ont reçu la valeur en argent ou en marchandises, et ils doivent les payer. Ceux qui ont loué une chambre, un appartement ou un magasin les ont occupés, et ils doivent en payer la location au prix convenu. Autrement, nous ne serions plus une société civilisée.

Le législateur peut bien, dans des circonstances exceptionnelles, autoriser certains atermoiements; mais, selon nous, au lieu de proroger les échéances des effets de commerce, il eût mieux fait de proroger les délais de protèt et de recours, en raison de la difficulté des payements et de l'interruption des communications.

On a souvent le tort de dire que les créanciers sont impitoyables envers leurs débiteurs; en voulant protéger ces derniers outre mesure, on arriverait à un résultat diamétralement opposé à celui qu'on se pro-

pose; car, en inspirant des sujets de défiance, on
ferait resserrer le crédit, et le commerce tomberait
forcément et exclusivement aux mains des gros capitalistes.

En général, les créanciers accordent des délais et
de très-longs délais à ceux de leurs débiteurs qui
sont honnêtes. Tous les commerçants le savent bien.

Les lois et décrets de prorogation des échéances
ont jeté une grande perturbation dans les affaires et
ont augmenté les difficultés de la situation.

Certains débiteurs qui auraient pu payer ont préféré employer leur argent à des spéculations nuisibles
aux commerçants honnêtes.

Les négociants et les banquiers qui avaient des
endossements en cours ont dû repousser toutes opérations de nature à augmenter des risques dont ils ne
pouvaient pas connaître l'importance, et par conséquent refuser tout nouveau crédit.

Or, le crédit facilite le développement du commerce,
et, quand on y porte atteinte par des mesures fâcheu-
ses, il en résulte forcément que le commerce se con-
centre dans quelques mains puissantes, au préjudice
de ceux que l'on veut et doit protéger.

Dans l'incertitude où se sont trouvés beaucoup de
négociants et de banquiers du total des effets qu'ils
auraient à rembourser comme endosseurs, plusieurs
ont préféré laisser aussi en suspens le payement de
leurs propres engagements, ce qui ne pourra qu'augmenter les difficultés.

On parle d'un chiffre énorme d'effets échus qui se
trouvent immobilisés dans le portefeuille de la Banque de France, et on ignore combien il peut y en avoir
chez les autres tiers-porteurs.

La loi du 10 mars avait fixé, d'une manière qui
paraissait irrévocable, des échéances échelonnées
du 13 mars au 12 juillet, pour la liquidation de tout

le passé ; mais elle n'avait indiqué aucun moyen ni donné aucune facilité aux divers débiteurs de faire cette liquidation.

M. Millière, dans d'excellentes intentions, a demandé avec insistance, dans la séance du 24 mars, de reculer de trois mois encore tous ces délais de prorogation ; mais il n'a pas dit comment les débiteurs seraient plus en mesure de payer trois mois plus tard qu'aux époques indiquées.

M. Gouin, très-compétent en cette matière, a combattu l'opinion de M. Millière, et il n'a consenti qu'en raison des circonstances présentes, à un nouveau délai de un mois et douze jours, pour les échéances arrivant du 13 mars au 12 avril ; mais il n'a pas cherché, à notre grande surprise, à donner aux débiteurs les moyens de s'acquitter.

M. Gouin a dit qu'il y avait trois catégories de débiteurs : les bons, les mauvais et les douteux ; que les bons seraient toujours en mesure de payer ; qu'aucune loi ne pouvait atteindre les mauvais, et que les douteux pourraient obtenir, des tribunaux de commerce, de plus longs délais. Ce n'est pas là une bonne solution.

Nous nous permettrons de faire observer que, parmi les bons débiteurs, il y en a en petit nombre qui, n'ayant que peu d'engagements en cours, soit comme souscripteurs ou comme endosseurs, ont payé aux échéances sans profiter des délais de prorogation ; tandis que d'autres, également bons, mais ayant un commerce plus étendu ou d'une autre nature, peuvent avoir beaucoup d'engagements comme souscripteurs et comme endosseurs : ceux-ci ignorant eux-mêmes la somme qu'ils auront à rembourser comme endosseurs, devront attendre la fin de toutes les prorogations pour connaître leur position et savoir s'ils doivent reprendre les affaires.

Quant aux débiteurs douteux, c'est-à-dire ceux qui ne sont pas dans les numéros 1 ou 2, et c'est le plus grand nombre, la faculté qu'on leur donne de demander un nouveau délai aux tribunaux après avoir laissé protester leur signature, n'améliorera pas leur position; mais, au contraire, les précipitera dans la catégorie des débiteurs mauvais; car on ne leur vendra plus à crédit, et aucun banquier ne voudra escompter leur signature. Et cependant beaucoup d'entre eux ne seront dans cette position que faute d'avoir pu rembourser leurs endossements ou négocier les effets qu'ils ont en portefeuille.

Enfin, dans la catégorie des débiteurs mauvais, M. Gouin a sans doute compris ceux de mauvaise foi, dont il n'y a pas lieu de s'occuper; et ceux qui sont honnêtes, mais dans l'impossibilité absolue de remplir leurs engagements, ayant dû, depuis plusieurs mois, épuiser toutes leurs ressources et peut-être, en dernier lieu, vivre d'aumônes. Parmi ces derniers, il y en a qui ne verront pas sans un profond chagrin protester leur signature; prendre jugement contre eux, etc., et qui devront, pendant des années, s'imposer les plus durs sacrifices pour payer leurs billets augmentés des frais judiciaires, afin de laisser à leurs enfants un nom sans tache. Faut-il les abandonner?

Si les échéances restent définitivement fixées suivant la loi du 24 mars, comment la liquidation de l'arriéré se fera-t-elle?

Si une loi nouvelle accorde un autre délai de 3 mois, comme l'a demandé M. Millière, ou même un délai encore plus long, la situation en sera-t-elle améliorée? Nous ne le pensons pas.

Nous croyons que la reprise des affaires, et par conséquent du travail, ne pourra avoir lieu qu'après le rétablissement du crédit, et que le crédit ne pourra se rétablir qu'autant que toutes prorogations d'échéances auront cessé et que la liquidation du passé sera faite, ou tout au moins assurée à la satisfaction de tous les intéressés : créanciers, débiteurs et tiers-porteurs.

Mais il est bien évident aussi que presque tous les commerçants qui n'ont pu payer leurs billets depuis le 13 août dernier ne seront en mesure de les solder avec les intérêts qu'après que de nouvelles affaires leur auront procuré les ressources nécessaires, et que le rétablissement du crédit leur aura rendu les anciennes facilités de négociations de papier et d'achats à terme.

C'est le moyen de sortir de ce dilemme qu'il aurait fallu étudier avec toute l'attention que réclament de si graves intérêts, et nous indiquerons celui qui nous paraît le meilleur après avoir examiné la question des loyers; car tout s'enchaîne, et il y a beaucoup d'analogie entre la question des loyers et celle des effets de commerce.

Nous croyons que beaucoup de personnes se trompent sur la question des loyers et que si l'on adoptait législativement l'une des mesures proposées : d'accorder de longs délais pour le payement des loyers échus; de faire remise aux locataires de 3 termes de loyer; de réduire dans une proportion quelconque les sommes dues par les locataires; ou enfin d'obliger les propriétaires à rendre aux locataires ou à mettre en société le montant des loyers payés d'avance, comme le propose M. Saint-Genez : non-seulement on ferait une chose injuste, mais encore on nuirait à la reprise du travail et au rétablissement de la confiance, source du crédit.

Le gouvernement vient de proposer d'établir des commissions arbitrales : c'est là un expédient et non une solution.

De son côté, la Commune de Paris vient de décréter que remise générale est faite aux locataires des termes d'octobre 1870, janvier et avril 1871, et que toutes les sommes payées par les locataires pendant ces 9 mois seront imputables sur les termes à venir. Ceci est une solution, mais une solution fâcheuse, qui nuirait beaucoup plus aux intérêts du plus grand nombre, c'est-à-dire des locataires et des travailleurs, qu'à ceux des propriétaires, b'en moins nombreux.

Nous avons déjà posé comme principe la liberté absolue des contrats, et comme conséquence le respect absolu de tous les engagements pris. C'est là une règle de morale en dehors de laquelle aucune société ne serait possible et sur laquelle tout le monde paraît être d'accord *pour l'avenir*.

Pourquoi faire alors une exception arbitraire en faveur des locataires et au préjudice des propriétaires pendant les 9 mois d'octobre 1870 à avril 1871?

Pourquoi les rentiers toucheraient-ils leurs coupons au Trésor, à la Ville, aux chemins de fer ou ailleurs?

Pourquoi les commerçants qui nous ont fourni pain, vin, bois, denrées, habits, etc., à des prix plus élevés que d'ordinaire, ne seraient-ils pas tenus de nous rembourser l'argent que nous leur avons donné ou tout au moins l'excédant de leurs déboursés?

Pourquoi donc les propriétaires seraient-ils placés en dehors du droit commun, et quelles en seraient les conséquences?

On s'imagine souvent qu'un propriétaire est un homme très-riche, qui a reçu des maisons en héritage et qui en retire un très-fort produit sans travailler. Mais quand cela serait exact pour un certain nombre, la fortune immobilière devrait être tout aussi inviolable que la fortune mobilière, et il ne serait ni juste ni politique de priver plutôt un propriétaire du revenu de ses immeubles qu'un rentier du revenu de ses titres, actions, etc.

Quelquefois les baux à long terme sont avantageux aux propriétaires ; mais il arrive très-souvent qu'ils le sont davantage pour les locataires, et ce sont ordinairement ces derniers qui les préfèrent. On ne peut donc pas en changer les conditions sans l'assentiment des deux parties.

Il faut bien aussi que l'on sache qu'il y a beaucoup de propriétaires, surtout depuis quelques années, qui ne sont pas riches, et qui retirent de leur maison un produit moindre que celui de certains commerçants dont les opérations ne sont pas plus assujettissantes que celles de propriétaire.

Beaucoup d'anciens ouvriers du bâtiment ont acheté du terrain sur lequel ils ont fait construire des maisons pour multiplier les logements à bon marché. Ces propriétaires doivent au Crédit foncier, au maçon, au menuisier, etc.; s'ils ne touchent pas les loyers qui leur sont dus, ils ne pourront payer ce qu'ils doivent et ils seront expropriés. Il en résultera pour l'avenir que la propriété se concentrera dans les mains de gros capitalistes, qui sauront prendre leurs précautions pour être payés d'avance, et qui ne feront certainement pas construire de petits logements pour les ouvriers.

En croyant imposer seulement une charge momentanée aux propriétaires, on aura créé pour l'avenir des embarras et des charges aux locataires par la hausse des loyers, faute de concurrence, et surtout on aura arrêté pour longtemps la reprise du travail pour les nombreux ouvriers dans le bâtiment. On fera encore bâtir de loin en loin des hôtels pour soi-même, mais non des maisons pour en louer l'usage à d'autres.

Il est toujours mauvais, sous tous les rapports, de

causer un tort à autrui ; et, dans cette question des
loyers, on aurait dû s'inspirer des idées de justice et
de concorde, et chercher le moyen de concilier les intérêts légitimes des propriétaires avec ceux non moins
dignes d'intérêt des locataires. Ces derniers ont évidemment besoin de beaucoup de temps pour payer
leurs loyers arriérés.

Pour concilier tous les intérêts : ceux de l'Etat et de
la Ville de Paris ; ceux des créanciers, des débiteurs
et des tiers-porteurs, et enfin ceux des propriétaires
et des locataires, voici le projet que nous soumettons
à tous :

1° Il serait créé, sous le titre que l'on voudra, un
établissement financier dont le but serait : **de faci-
liter la liquidation du passé ; d'aider à la reprise des affaires commerciales et indus-
trielles dans le présent, et de préparer l'avenir par de sérieuses institutions de crédit.**

2° La durée de cet établissement serait de 3 années.

3° Le capital, fixé provisoirement à 20 millions de
francs, serait fourni par l'Etat et par la Ville de
Paris.

4° L'Etat et la Ville de Paris nommeraient un direc-
teur et un sous-directeur.

5° Un Conseil d'administration composé d'au moins
12 membres, serait nommé tous les 3 mois par les
clients réunis en assemblée générale.

6° Les opérations de cet établissement seraient :
1° l'escompte, à des conditions modérées, de tous
effets de commerce créés en renouvellement de ceux
échus, et de tous billets souscrits par les locataires à
l'ordre des propriétaires pour loyers échus : ceci pour
la liquidation du passé ; 2° l'escompte des effets de
commerce sur la France et sur l'étranger et toutes
autres opérations de banque concernant des opéra-

lions nouvelles, afin d'aider à la prompte reprise des affaires ; 3° l'ouverture de crédits sur warrants, dépôt de marchandises ou autres garanties, et de toutes opérations pouvant concourir, par le développement progressif du commerce et de l'industrie, à améliorer la position de tous les travailleurs, dans l'intérêt de l'avenir.

Toutes opérations de Bourse et toutes spéculations seraient rigoureusement interdites.

7° Il serait fait sur toutes les opérations, indépendamment des frais d'escompte, une retenue de 1 0/0 qui serait portée, dans un compte spécial, au crédit des clients, pour augmenter le capital et pour servir de garantie à l'État et à la Ville des 20 millions avancés pour la prompte organisation de l'établissement. Le montant de ces retenues pourrait être converti en actions de 500 francs, qui seraient délivrées aux ayants droit sur leur demande. Les intérêts, à 5 0/0 l'an, seraient comptés du jour de la constitution de l'établissement jusqu'aux époques de versement, et portés au débit du compte spécial, afin d'établir une égalité parfaite entre tous les intéressés.

8° Il serait dressé un inventaire tous les six mois, et un exemplaire en serait remis à chacun des intéressés.

9° Pendant toute la durée de l'établissement, trois années, il ne serait distribué ni intérêts ni dividendes sur le montant des retenues faites, ni sur les actions délivrées.

10° A l'expiration des trois années, la liquidation serait commencée et elle devrait être achevée dans les six mois suivants, pour le produit en être distribué aux intéressés, soit à l'État, à la Ville de Paris et aux clients, dans la proportion de leurs droits.

Nous croyons que la prompte organisation de cet établissement, ou toute autre combinaison analogue, donnerait entière satisfaction à tout le monde, sans froisser aucun intérêt ni aucun principe de justice, et pourrait être réalisée d'ici à huit jours.

Nous allons développer notre pensée sur quelques-uns des articles du projet qui précède, afin de répondre par avance aux objections qui pourraient être faites.

Nous savons bien qu'il s'est formé, depuis plusieurs années, un grand nombre d'établissements financiers, et il peut paraître superflu d'en créer un nouveau; mais aucun de ceux qui existent ne peut ni ne doit se charger de la liquidation du passé dans un but d'intérêt général ; ils ont tous assez à faire pour la liquidation de leurs propres engagements : endos, dépôts de fonds, etc. On ne peut leur demander un concours qui pourrait leur faire courir des risques, et ils verront avec plaisir se former un établissement qui ne leur fera pas concurrence et leur viendra indirectement en aide.

L'Etat et la Ville de Paris sont évidemment intéressés à empêcher qu'un très-grand nombre de commerçants ne tombent en faillite. Ils sont de même intéressés à ce que le commerce et toutes les industries, y compris celle du bâtiment, reprennent très-promptement une grande activité, ce qui facilitera la rentrée des impôts. C'est pour cela que nous demandons que l'Etat et la Ville de Paris avancent le capital nécessaire pour le fonctionnement immédiat d'un établissement de crédit, quoique nous soyons opposé, en principe, à leur intervention. Dans les circonstances exceptionnelles où nous nous trouvons, il est bien évident qu'on ne pourrait trouver ailleurs ce capital.

Nous demandons, article 5, que le conseil d'administration soit nommé tous les trois mois, parce que le nombre des clients augmentera journellement et qu'il nous paraît juste que tous participent à l'élection de ceux qui seront chargés d'administrer leurs intérêts.

Nous demandons qu'il ne soit distribué ni intérêts ni dividendes pendant la durée de l'établissement, parce qu'il serait trop difficile d'apprécier les risques en cours ; et que, d'ailleurs, il ne s'agit pas d'une affaire de spéculation, mais d'un établissement d'utilité générale. S'il y a des bénéfices, ils seront distribués aux ayants droit après le remboursement des sommes versées par l'État et la Ville, et celles retenues aux clients, suivant l'article 7. Mais les bénéfices les plus importants, ceux dont la réalisation nous paraît le plus nécessaire, se trouveront pour l'Etat et la Ville dans la production et la rentrée des impôts ; pour les commerçants, dans les affaires qu'ils auront traitées, et enfin pour tous dans la reprise du travail.

Nous croyons donc cette combinaison de beaucoup préférable à toutes prorogations légales des échéances, et à toutes propositions de modifications arbitraires dans les contrats passés librement entre propriétaires et locataires.

Par le fait, les créanciers et les propriétaires pourront accorder à leurs débiteurs jusqu'à trois années de délai, sans cependant être privés des ressources qui leur sont nécessaires pour reprendre leurs opérations ou pour faire construire ou achever de nouvelles maisons, puisqu'ils trouveront un établissement disposé à escompter les règlements de leurs créances. Ils stipuleront librement avec leurs débiteurs l'amortissement qui devra être fait sur chaque renouvellement trimestriel ; les uns pourront éteindre leurs engagements dans trois ou six mois, tandis que d'autres auront peut-être besoin de deux ou trois ans : mais le tout se fera sans protêt ni frais judiciaires, et d'un commun accord.

Nous sommes certain que la généralité des créanciers acceptera avec empressement ce mode de liquidation du passé, d'autant plus que presque tous les commerçants et les propriétaires sont en même temps créanciers et débiteurs ; car ils ne pourraient payer avant d'avoir reçu ce qui leur est dû, ce qui rendrait la liquidation désastreuse pour tous.

Nous ne doutons pas non plus que la Banque de France ne fasse un accueil favorable à un établissement dont le but serait aussi sérieux et les bases aussi solides, et qu'elle ne facilite ses opérations en réescomptant son portefeuille avec la bienveillance qu'elle a toujours montrée pour toutes les opérations utiles.

Nous ne nous dissimulons pas qu'il y a des locataires qui ne pourraient jamais payer l'arriéré malgré toutes les facilités qu'on leur accorderait : ce sont les ouvriers, pères de famille, qui ont déjà tant de peine à payer leurs loyers en temps ordinaire. Nous voudrions que la Ville de Paris prît à sa charge cet arriéré et qu'elle payât les propriétaires avec des obligations de la Ville à long terme, mais négociables. Ce serait un léger sacrifice, comparativement aux excellents résultats que produirait une mesure aussi exceptionnelle que le sont les événements qui la rendent désirable.

Nous n'avons pas la prétention d'avoir fait un travail complet sur les questions qui préoccupent si vivement tous ceux qui désirent l'apaisement des esprits, l'union des cœurs, la grandeur et la prospérité de la France ; mais nous serons heureux si les quelques observations que nous venons de présenter font surgir une combinaison meilleure et d'une facile réalisation, car le temps presse, et l'avenir du pays dépend de la prompte reprise du travail.

E. C.

Paris, le 30 mars 1871.

www.ingramcontent.com/pod-product-compliance
Lightning Source LLC
LaVergne TN
LVHW052331060726
842524LV00018B/2926

9 782329 131955